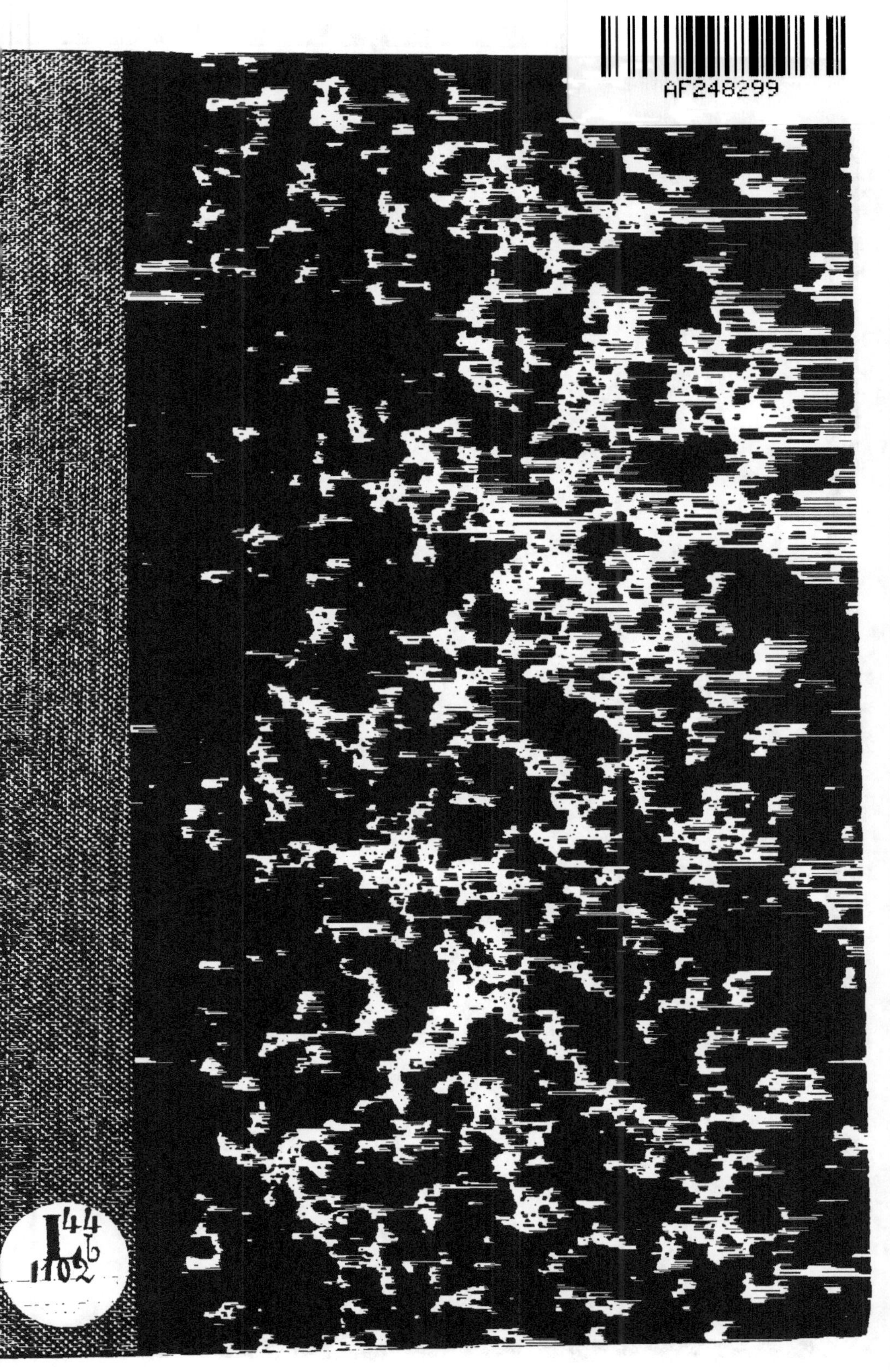
AF248299

Lib 44

1102

LE MEURTRE

DU

BARON D'ACHÉ

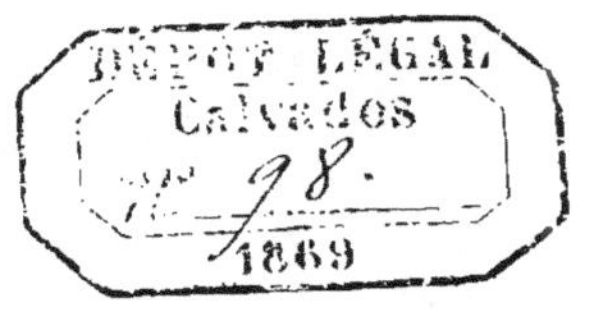

———

VÉRITÉS HISTORIQUES

OPPOSÉES AUX FICTIONS DES ROMANS.

———

Chez DENTU, libraire-éditeur, Palais-Royal, 17 et 19, à Paris.

BAYEUX
TYPOGRAPHIE DE St-ANGE DUVANT.

—

OCTOBRE 1869

LE MEURTRE

DU

BARON D'ACHÉ

CHAPITRE Ier.

Les origines vérifiées de la famille d'Aché remontent au XIIIe siècle. Le nom était celui d'un fief, situé paroisse de Cangé, élection d'Alençon. L'illustration progressive jusqu'à nos jours, se démontre par la série des dignités, des seigneuries et des alliances. Nombre d'épouses ont été prises dans les familles : d'Harcourt, de Dreux, issue du sang royal de France. — de Courtenay, réunissant le sang royal de France et celui d'empereurs de Constantinople.

L'amiral d'Aché commandait en 1757, les armées navales préposées à la défense des établissements français dans les Indes. Son neveu Robert-Alexandre d'Aché, était de la branche d'Aché de Marbœuf et parent de M. de Marbœuf, gouverneur de Corse, premier protecteur de Napoléon.

Au moment où la révolution éclata, le baron Robert-Alexandre d'Aché, né en 1768, était officier de marine. Tous ses précédents traçaient sa voie, il émigra. Les détails de ses services pour la cause royale, se déduisent des faits et de leur résultat. Il guerroya d'abord à l'étranger, puis vint en Vendée, où il accepta le plus périlleux de tous les services : celui de la correspondance vers les princes émigrés, et vers les chefs des différents corps de l'armée royale. Telle était sa situation entre ces corps et celui du marquis de Frotté, dans les derniers temps de la guerre civile.

Le baron d'Aché, homme irréconciliable, fut gravement compromis dans les procès de Georges Cadoudal, Moreau et Pichegru ; forcé de dérober sa tête aux poursuites, il fut caché d'abord en haute Normandie, puis vint près de Falaise prendre part à l'enlèvement de fonds publics portés par la diligence d'Alençon, —par suite de cette expédition, la jeune Madame Acquêt, condamnée par la Cour spéciale de Rouen, périt sur l'échafaud avec nombre des agents qui y avaient figuré. Le baron d'Aché, Chevalier et Allain, principaux chefs, réussirent à se sauver et furent condamnés par contumace.

Le baron d'Aché, traqué plus vivement que jamais, se réfugia dans les environs de Bayeux à Trévières, dans la famille de Montfiquet. M. de Montfiquet ayant émigré comme M. d'Aché, ils étaient inconnus l'un à l'autre, mais il en était autrement entre les dames des deux familles. Au fort de la révolution, Mme de Montfiquet s'était réfugiée à Rouen avec ses trois filles aînées, avait beaucoup connu la baronne d'Aché, en avait obtenu l'appui le plus généreux, et notamment la cession gratuite d'une petite habitation, située dans le

Remois, aux environs de château Gaillard. M. d'Aché se présenta sous le nom d'Alexandre, avec une lettre réclamant une discrète hospitalité, mais avoua franchement son vrai nom et sa position. L'occasion d'acquitter une dette de reconnaissance, fut cordialement saisie par la famille de Montfiquet ; le proscrit y devint un hôte aimable, aimé de tout l'entourage, mais la curiosité s'éveilla, et les soupçons vinrent à la suite.

Cet état de demie sécurité eut une durée d'un an environ, ce qui comprendrait l'époque de l'expédition sur la diligence d'Alençon. Sur la fin de ce séjour, un inconnu qui était un gendarme déguisé, se présenta chez M. de Montfiquet et demanda M. Alexandre. Les prétextes faux de cet homme, son importunité, ses attitudes inquisitoriales à l'égard de M. d'Aché, démontrèrent à tous qu'il était un espion. M. d'Aché s'en expliqua avec lui-même, en reçut des réponses arrogantes et menaçantes, le chassa, mais se rendit compte que sa sécurité était gravement compromise.

A une lieue de là, était réfugié à Rubercy, chez une demoiselle Genneville, M. Gilbert de Mondejeu, qui par ses services comme agent royaliste, était dans une position de danger exactement semblable à celle de M. d'Aché. Le lendemain de l'expulsion du gendarme était un jour des Rogations. MM. d'Aché et de Montfiquet étaient allés déjeuner à Rubercy, chez M. de Mondejeu, lorsque grand nombre de gendarmes fondirent sur l'habitation de Trévières, fouillèrent rapidement les bâtiments, et ne trouvant rien s'élancèrent au galop vers Rubercy. Leur irruption dans la cour de M. de Mondejeu fut tellement rapide, que sur e cri : « *voilà les soldats.* » poussé par une servante,

Messieurs d'Aché et de Mondejeu, n'eurent que le temps de s'élancer vers la partie libre de la cour, et eussent été saisis, si la chute d'un cheval n'eût pas produit un encombrement qui favorisa leur fuite.

Le baron d'Aché se réfugia provisoirement, chez des dames Amfrye, qui habitaient une maison isolée à un quart de lieue de Bayeux, et étaient correspondantes des agents royalistes ; puis il s'établit d'une manière plus fixe , chez une demoiselle Dumesnil , vivant obscurément place Saint-Patrice. Conjointement avec les dames précitées, il eut de très-fréquentes relations avec Mademoiselle Duquesnay de Montfiquet, parente de la famille de Trévières, et demeurant rue des Bouchers, n° 62.

Une agence politique hostile au Gouvernement, comprenait de toute nécessité , commerce de fraude sur les marchandises avec l'Angleterre. Ce commerce ouvrait les relations à l'intérieur , en dissimulait la nature, et les correspondances passant sous le couvert des dentelles, le danger judiciaire des marins était abaissé, du crime de conspiration au simple délit de fraude. Il était même très-connu, que pour parvenir près de la duchesse d'Angoulême, l'exhibition d'un carton de dentelles était le titre d'admission. — Le baron d'Aché , les dames Amfrye, Dumesnil et Duquesnay de Montfiquet, faisaient donc à Bayeux commerce de fraude par importation et exportation, et Madame de Vaubadon , habitant à Caen, rue Guilbert, y était leur centre. — Cette demie sécurité du baron d'Aché se prolongea de mai 1808 à la fin d'août 1809 ; mais la surveillance du littoral devenant de jour en jour plus efficace, le commerce de fraude vint à faire défaut, et M. Daché se trouvant réduit à un comptant de 300 francs environ, se crut fondé à tenter une démarche extrême.

Si la fraude commerciale était utile à l'espionnage politique, la fraude politique doit être elle-même nécessaire à l'espionnage de toute nature ; pour obtenir des secrets, il faut en confier soi-même de vrais ou de faux, et d'ailleurs on a l'avantage de trouver faveur dans les deux partis, et recevoir des deux mains. Telle est la position qui est incontestablement attribuée, à l'illustre Fouché duc d'Otrante, alors ministre de la police impériale ; M. d'Aché ayant des données, pour croire que la balance de M. Fouché penchait en ce moment du côté des fleurs de lys, tomba inopinément dans le cabinet de ce ministre, et lui fit des ouvertures qui furent repoussées.

M. Fouché constate lui même ce fait dans ses mémoires, qui citent la proposition et sa réponse. « *Je ne veux pas* « *dit-il, abuser de votre témérité, et vous faire arrêter* « HIC ET NUNC. *Je vous donne trois jours pour sortir de* « *France ; pendant ce délai je vous ignorerai complète-* « *ment, le quatrième jour je déchaînerai mes ayents con-* « *tre vous, et si vous êtes pris vous en subirez toutes les* « *conséquences.* »

Il ne serait pas rationnel de supposer, que M. Fouché derogeant à sa nature, eut rencontré à portée de sa main une occasion de perfidie sans la saisir ; aussi respectant le sens officiel de ses paroles, il ne signala point le fugitif à la police et à la gendarmerie, mais fit surveiller secrètement sa retraite vers Bayeux, pour laisser tomber sa main sur lui le quatrième jour. — Il est incontestable que Mme

de Vaubadon eut un rôle très-efficient dans cette investigation ; mais par qui ce rôle fut-il institué et dirigé dans le Calvados ?... Telle est la question que la probité historique doit résoudre , par le témoignage des faits et des documents officiels ; et ce n'est qu'après cet examen que le lecteur pourra savoir , si la mémoire de cette malheureuse femme doit rester un objet d'horreur, ou de lamentable commisération.

Le jeudi 5 septembre 1809, Mme de Vaubadon vint à Bayeux trouver Mll^e Duquesnay de Montfiquet , et lui racontant combien était imminent le danger de M. d'Aché , l'adjura de la mettre en rapports avec lui pour le sauver. La demoiselle ayant moins de confiance en la prudence qu'en la sincérité de son ancienne amie, refusa obstinément, et la dame voulant éviter qu'on put agir en dehors d'elle , lui dit : « *Eh bien, je ne veux pas me montrer dans* « *Bayeux, je vais coucher chez toi. — Mais je n'ai qu'un* « *lit. — Je vais coucher avec toi, —* Pendant la nuit elle « lui répéta : *Tu n'as aucuns moyens de le sauver. Moi,* « *toutes mes mesures sont prises. J'ai à ma disposition* « *un petit navire qui pour 8 à 900 fr., le transporterait* « *en Angleterre, j'ai un guide pour le conduire à la mer,* « *et deux marins pour diriger le bateau. — Donne-lui au* « *moins un rendez-vous ou mon guide le prendrait.— Si* « *tu ne le fais pas, la responsabilité de sa mort retom-* « *bera sur toi !* » — Mll^e de Montfiquet céda : l'heure et le lieu du rendez-vous furent fixés , les mots d'ordre Samson d'une part et Félix de l'autre, et les signes de reconnaissance respective furent convenus.

Le vendredi matin , Mme de Vaubadon rentra à Caen, et il est resté constant , que le soir, elle reçut en audience particulière très-mystérieuse , le sieur Foison , maréchal-des-logis de la gendarmerie de Caen.

Le samedi matin, le baron d'Aché communia à l'église Saint-Patrice de Bayeux, et prit sur lui un petit livre intitulé : *Pensées chrétiennes* , sur lequel était écrit le nom de Mlle de Montfiquet. — Le soir assez avant dans la nuit , cette demoiselle accompagnée de sa servante, conduisit M. d'Aché devant le portail de l'église de Saint-Vigor-le-Grand. Le guide y fut trouvé et reconnu par Mlle de Montfiquet pour être le gendarme Foison. Les signes de reconnaissance étant échangés, le guide suivi de M. d'Aché, marcha vers la Délivrande. A l'extrémité des murs du parc de l'Abbaye , deux hommes vêtus en bourgeois et qui étaient un brigadier et un gendarme de la résidence de Bayeux, se réunirent aux deux voyageurs. — La nature des faits dit elle-même, qu'on ne peut rien savoir de ce qui se passa sur la route , entre le départ et la catastrophe.

A ce dégré du récit, il nous faut nécessairement rétrograder de deux jours, et nous transporter au bourg de la Délivrande, sur la partie qui dépendait alors de la commune de Luc.

Le dimanche 8 septembre, le Maire devait présider une élection de garde nationale. Les familles ne se dissimulaient pas, que c'était en réalité une nouvelle conscription déguisée ; les irritations étaient grandes, les jeunes gens menaçaient d'envahir la mairie, brûler les papiers, de faire des scènes dont l'époque présumable était le jour de l'élection. Simultanément , un autre fait excitait vivement l'attention.

Depuis deux jours, quatre hommes que l'on reconnaissait pour être des gendarmes déguisés, rôdaient jour et nuit dans les environs, surtout vers la plage ; ils avaient eu l'audace d'arrêter deux canonniers garde-côtes en uniforme et en fonctions, leur avaient demandé leurs papiers, et une rixe grave s'en était ensuivie. La nuit, les mêmes hommes portaient subitement une lanterne sourde, sous le nez de ceux qu'ils rencontraient. — La suite démontra bientôt qu'ils étaient chargés de barrer à M. d'Aché l'accès de la mer, tandis que d'autres le conduisaient, à ce que le noble M. Caffarelli qualifie du nom de BOUCHERIE.—Ici se trouve parfaitement l'emploi des trois jours de trève, si loyalement concédés par le digne M. Fouché, duc d'Otrante ! !

M. Boullée, maire de Luc, justement alarmé de ces divers éléments de trouble, resta debout avec sa famille et ses domestiqnes, pendant la nuit du samedi au dimanche. Vers une heure du matin, tous étant réunis dans le même appartement, un coup de fusil tiré en dehors de la cour, envoya une balle dans la direction de la lumière, et cette balle eut pu tuer, si elle n'eut pas été interceptée par un des croisillons de la fenêtre, ou elle resta incrustée. On courut à la place d'où le coup avait été tiré, et on vit un homme qui s'enfuyait, mais il avait trop d'avance, et la nuit était trop obscure pour qu'on put rien reconnaître ; simultanément on trouva dans la cour la cartouche qui brûlait. — Un domestique courut au poste des canonniers gardes-côtes, demander du secours, le chef n'ayant que quatre hommes sous la main, n'en put envoyer que deux, mais promit d'en envoyer d'autres, aussitôt qu'il en serait rentré. Le reste de la nuit se passa en état de surveillance dans la maison de

THÉÂTRE DU MEURTRE DU BARON DACHÉ

A   *Lieu du meurtre*

B   *Lieu où le cadavre a été trouvé.......200 mètres.*

C   *Grange où il a été déposé.....200 mètres.*

D   *Maison du maire de* **Luc**.

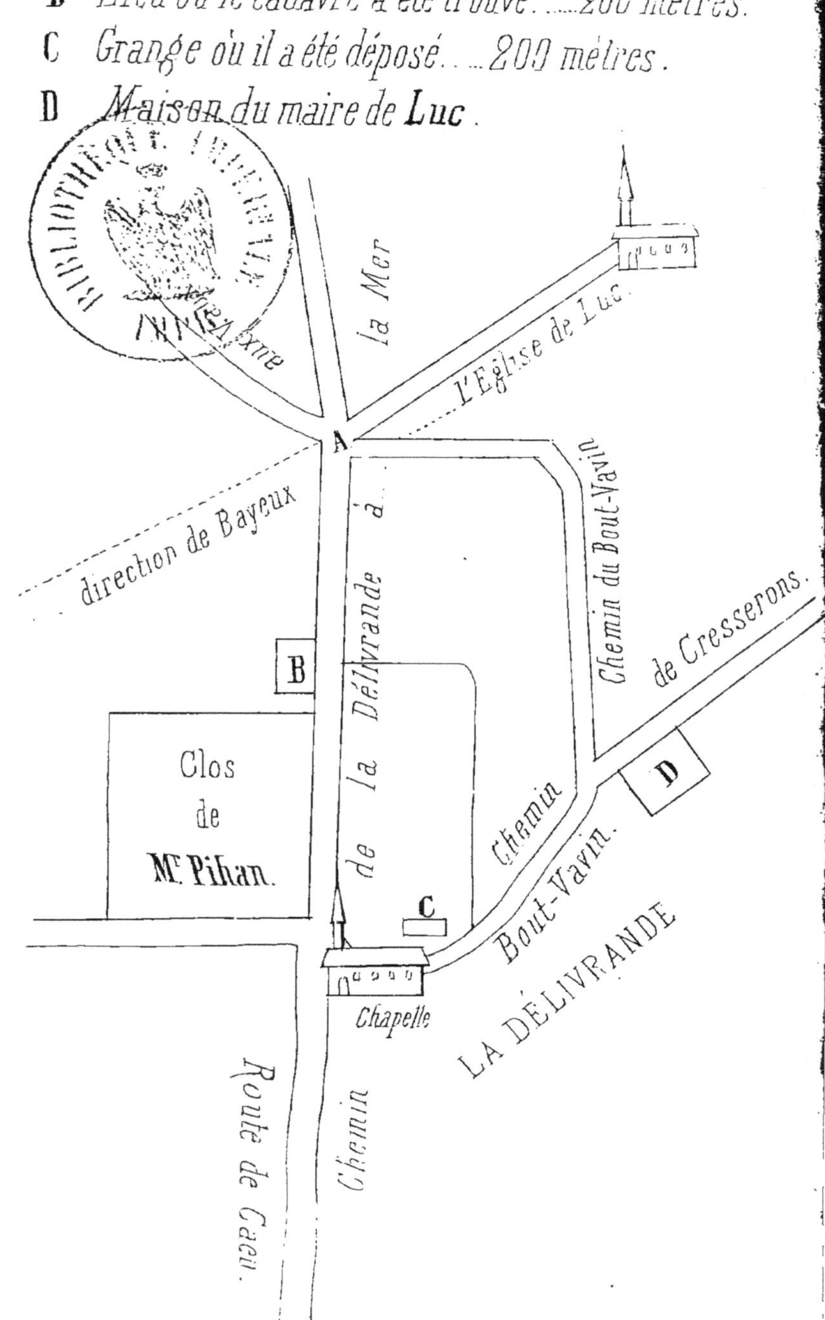

M. le Maire. Peu avant la naissance du jour, deux autres
canonniers y arrivèrent ; étant en patrouille et éloignés de
cette maison à une heure du matin, ils n'avaient point entendu le coup de fusil dont elle avait reçu la balle ; mais
tout récemment ils avaient entendu plusieurs coups de feu ,
et le cri « A MOI » dans une autre direction qu'ils indiquè-
rent, et qui était l'embranchement du chemin des Vaux avec
celui de la Délivrande à la mer.

Pour la parfaite intelligence des faits , il est nécessaire de
porter les yeux sur le plan annexé.

Marchant avec les canonniers et plusieurs autres personnes vers le lieu indiqué, M. le Maire avait à sa gauche des
meules de paille en dehors du chemin , mais un homme qui
venait à travers champs vers la Délivrande , et voyait les
meules à revers, lui indiqua le but des recherches, — On
vit le corps d'un homme mort et celui d'un cheval qui pa-
raissait l'être. Cet homme étant de la taille de M. le Maire et
vêtu comme lui, il en fut très-impressionné, supposant que
c'était à lui que la mort avait été destinée, et que la victime
l'était devenue par suite d'une méprise

L'homme tué était vêtu d'une veste de chasse en drap
bleu, d'un pantalon de velours côtelé vert olive, d'un gilet
de piqué jaune, chaussé de bottes a la russe. Il était étendu
sur le dos et avait les mains liées derrière avec un ruban de
fil bleu. Deux pistolets de poche anglais restés chargés ,
étaient symétriquement placés à deux pieds environ de cha-
que côté du corps ; une canne à épée qui sans doute était
la sienne, était restée sur place, ainsi que la crosse brisée
d'un fusil à deux coups. Il ne fut trouvé sur lui aucuns pa-

piers , mais seulement sa montre, environ 30 francs d'argent, et le petit livre de piété dont il a déjà été parlé.

Le lieu où le corps était trouvé , n'étant pas l'embranchement du chemin des Vaux, d'où les canonniers avaient entendu partir plusieurs coups de feu et le cri « A MOI , » il est rationnel de supposer, que ce dernier lieu étant celui où les guides voulurent faire quitter à M. d'Aché la direction de la mer, pour le conduire vers la Délivrande, route de Caen ; ce fut là que le malheureux reconnut qu'il était trahi , et qu'eut lieu sa résistance et sa mort. — En effet , bientôt l'accroissement de la lumière du jour, signala une traînée de sang, entre le gisement du cadavre et l'embranchement du chemin des Vaux ; il devint évident que c'etait là que le meurtre avait été commis , que le cadavre avait été porté à environ 200 mètres vers la Délivrande, et placé au revers de la meule de paille, pour retarder la découverte du crime. On pouvait au premier abord opposer à cette supposition, la simultanéité des coups de feu et l'impossibilité de transporter le corps du cheval. Mais tout élement de doute disparut, lorsqu'on vit que l'animal n'était point mort ; qu'il était frappé d'une balle dans le ventre, que l'épanchement du sang avait lieu à l'intérieur, qu'enfin il pouvait marcher vers Mathieu, à cinq quarts de lieue de là , où il ne mourut que quelques jours après.—L'unanimité de l'assistance attribua ce meurtre aux gendarmes commandés par Foison, et pensa que le très-mauvais cheval blessé, avait été amené de Caen pour être sacrifié, et motiver la supposition d'un combat.

Le corps fut déposé dans une grange près la chapelle de la Délivrande, et pour décrire les blessures, on a attendu

ici le témoignage de l'autopsie qui eut lieu à quatre heures
après-midi. — Elles avaient été faites : 1° par cinq che-
vrotines, dont l'une avait traversé la lèvre inférieure et
cassé plusieurs dents ; l'une avait frappé au milieu du
front. — 2° par une balle de calibre tirée à bout portant, et
ayant traversé la poitrine à un pouce au-dessous du
sein gauche. — 3° par une balle de calibre ayant traversé la cuisse gauche, et brisé l'os au point qu'il sortait de
la blessure ; ce coup avait été tiré tellement de près, que la
plaie et le pantalon étaient noircis par la poudre.—4° l'œil
gauche sorti de la tête, et les traits du visage rendus mé-
connaissables, ayant été broyés par les coups de la crosse
du fusil brisé. —5° par une blessure faite avec la lame de
la canne fourrée, qui avait été retournée dans le corps pour
fouiller les viscères. Ce coup seul avait déterminé la mort
immédiate, les autres étant de nature à ne l'occasionner
qu'après ajournement. — On sut plus tard, que ce coup
avait été porté par la bête féroce, qui avait tiré dans la
fenêtre du Maire.

CHAPITRE 2.

Immédiatement après le meurtre, les gendarmes étaient
partis, pour Bayeux et Caen leurs résidences respectives.
Aucun rapport n'avait été fait au maire dont la demeure
était voisine, aucune indication n'avait été donnée à un
habitant. Le maréchal des logis Foison avait pris les de-
vants vers Caen, et ses quatre gendarmes s'étaient arrêtés à
Mathieu. Là déjeunant au point du jour dans la chambre

d'un cabaret, sans voir un enfant de six ans blotti dans une alcôve fermée, *les messieurs tirèrent d'une boîte de fer blanc, des liards jaunes qu'ils partagèrent entre eux.* Un document officiel dit, que les valeurs emportées de Bayeux par M. d'Aché, étaient trois cents francs qu'il possédait de son chef, et trois cents autres empruntés de Mme Amfrye. Un document privé y ajoute une bague en diamants, et une épingle de chemise. — Mais quoi qu'il en soit, et sans rien affirmer, on hasarde peu en se demandant, si des assassins eussent pu sans déroger, ajouter à ce titre celui de voleurs.

Le maréchal des logis Foison arrivant à Caen, remit immédiatement les papiers trouvés sur M. d'Aché, à M. le sénateur comte de Pontécoulant ; et celui-ci partit immédiatement pour Paris sans rien communiquer aux autorités administratives et judiciaires. M. Boullée, maire de Luc occupé dans la journée, de cet événement tragique, et de la présidence d'un tirage au sort ; obligé d'attendre l'autopsie qui ne fut commencée qu'à quatre heures, ne put écrire à M. le préfet que dans la soirée.

Le lendemain lundi 9 septembre, Foison revint à la Délivrande rédiger le procès-verbal qu'il eût du rédiger la veille. A quelques questions de M. le Maire sur les circonstances du meurtre, il répondit sur un ton tellement arrogant, tellement menaçant, que celui-ci ne crut pas devoir compromettre sa dignité avec un tel homme. Mais il adressa à M. le préfet un rapport essentiellement différent de celui du meurtrier.

Deux jours après, M. Mancel, capitaine de gendarmerie,

vint à la Délivrande avec Foison procéder à une vérification contradictoire. Invitant M. Mancel à déjeuner, M. Boullée lui avoua la répugnance qu'il aurait à voir Foison à sa table, mais sur l'objection d'opportunité, il céda. — Le moment des explications étant arrivé, Foison tenta de payer d'audace au début, mais l'honorable fermeté de M. Mancel lui fit bientôt baisser le ton. Débouté sur plusieurs questions, il en vint à prétendre que le meurtre avait été la conséquence d'une aggression par l'homme tué.—« *Mais il* « *avait les mains liées, dit M. Boullée !* »—Foison voulut nier. — « *Voici les ligatures !* » lui fut-il répondu par M. Boullée les tirant de sa poche. — Foison voulut les méconnaître. — « *Vous ne pouvez nier que ce sont bien là* « *des ligatures de gendarmes* » dit M. Mancel les prenant en main. — Tel fut le nouveau rapport adressé à M. Caffarelli, préfet, qui par une lettre du 11 septembre le transmit à M. le conseiller d'état, comte Réal, chargé du premier arrondissement de la police générale.

L'indignation publique était soulevée ; le meurtre, ses circonstances, ses auteurs directs, toute la partie odieuse du drame était parfaitement à découvert ; la criminalité, la personnalité de la victime, tout ce qui eût pu être justificatif, n'était pas même argué ; et pour décrire la situation, il est nécessaire de transcrire au moins quelques passages, de la correspondance qui eut lieu entre M. Caffarelli, préfet, et M. Réal, directeur de la police.

M. Caffarelli à M. Réal,

« *Caen, le 14 septembre 1809.*

« Le 11 du courant, Monsieur le Comte, j'ai eu l'honneur de vous

« écrire, pour vous informer de la mort d'un individu trouvé entre
« Luc et la Délivrande. Je vous ai simplement annoncé l'événement,
« et fait passer copie du procès-verbal qui m'a été remis. Mais à ce
« procès-verbal, les détails qu'on rapporte sur l'état où était le cada-
« vre quand il a été trouvé par les passants, donnent lieu à une forte
« réflexion qu'il serait de mon devoir de vous transmettre, s'ils avaient
« d'autre fondement que les discours du public.

» Le procès-verbal des gendarmes dit qu'ils ont rencontré deux in-
« dividus armés ; qu'ils les ont interrogés, que ceux-ci ayant fait une
« décharge de leurs armes, ils se sont élancés dessus ; que l'un s'est
« sauvé, que l'autre a lutté avec l'un deux, qui l'a tenu longtemps aux
« cheveux, qu'enfin il a été terrassé, et est resté mort sur la place,
« percé de plusieurs coups.

« Comment se fait-il que quatre gendarmes n'ayant pas saisi un
« homme, qui était fortement tenu par les cheveux, et a lutté long-
« temps ? — Qui lui a donné le coup dont il a été percé ?

« Comment se fait-il qu'il ait été en quelque sorte mutilé ? — Com-
« ment dans le second procès-verbal fait par M. Mancel, est-il dit
« que la plaie existant sous le sein gauche a été faite par un instru-
« ment tranchant, tandis qu'elle a été faite évidemment par une balle
« dont la bretelle porte la marque ? — Comment les gendarmes après
« avoir tué cet homme, l'ont-il laissé sur le lieu du combat, et s'en
« sont-ils allés, sans s'inquiéter de remplir aucune des formalités vou-
« lues en pareil cas, ou de l'effet que la vue du cadavre ferait sur le
« peuple ? — Faites ces questions, Monsieur le Comte, le public en
« fait et n'y peut trouver de solution ; que répondre surtout, si comme
« on le dit, l'individu a été saisi, attaché fortement les mains derrière
« le dos, et ensuite fusillé ? — Quelles terribles conséquences tirer de
« ces faits s'ils sont vrais ? — Comment les gendarmes pourront-ils
« s'occuper de leurs fonctions, sans crainte d'être traités comme des
« assassins ou des bêtes féroces ?

« Mais vous me demanderez sans doute, Monsieur le Comte, pour-
« quoi instruit de ces détails, je n'ai pas cherché à éclaircir la vérité ?
« — Ma réponse est très-simple : il court dans le public, que l'expédi-
« tion des gendarmes a été commandée directement par M. le comte
« de Pontécoulant, à qui on a remis les papiers trouvés sur l'individu
« tué, et qui est parti pour Paris, sans doute pour les remettre à Son

« Excellence le sénateur ministre de la police générale. N'ai-je pas dû
« respecter le secret de l'autorité ? — Conviendrait-il, que je cher-
« chasse ardemment à éclaircir ce fait, qu'il paraît qu'on a voulu me
« laisser ignorer ? puisque je n'ai pas été prévenu de l'expédition, et
« chacun ne m'a pas apporté de papiers ?

« Cela me donne, Monsieur le comte, l'occasion de vous présenter
« quelques observations.

« M. le sénateur de Pontécoulant est arrivé ici, en vertu
« d'une commission spéciale, c'est tout simple. Je suis loin de
« me plaindre de lui, je m'en loue beaucoup au contraire. Mais si M.
« de Pontécoulant a pu être chargé de l'organisation de la garde na-
« tionale, s'ensuit-il qu'il convienne, qu'il fasse ici de la police et
« qu'il soit investi d'une autorité, dont je ne connais ni l'origine ni les
« limites ? — Certes, je ne suis nullement jaloux de faire exécuter des
« mesures sévères, et je voudrais n'en recevoir jamais de telle espèce.
« — Mais cette multiplication de pouvoirs, les commissions secrètes,
« ont toujours de grands inconvénients, en ce que ceux qui en sont
« investis, et alors les administrateurs, peuvent être compromis
« comme cela est arrivé plus d'une fois. — D'ailleurs cela ôte à l'au-
« torité locale, cette considération sans laquelle il lui est impossible de
« faire du bien. Sans doute, Monsieur le comte, Son Excellence a eu
« de bonnes raisons pour se déterminer. Je serai le premier à les ap-
« prouver, si elles rapportent leur assiette future à ma réputation. Je
« dois à mon caractère comme à la dignité des fonctions que je rem-
« plis, de ne pas me borner à être préfet de nom seulement ; et si des
« motifs quelconques, peuvent détruire la confiance en moi à ce point
« sur des objets importants, il faut tout simplement me le dire, et je
« saurai me retirer sans murmurer. Ce n'est pas avec un homme dont
« la droiture et le zèle ne peuvent être méconnus, qu'il est permis d'en
« agir comme on fait depuis quelque temps. Je ne peux vous le dissi-
« muler, Monsieur le comte, je suis grièvement blessé des divers par-
« tis qu'on a pris à mon égard. On a cru devoir ajouter plus de foi à
« des gens tarés, méprisés, la terreur des familles, qu'à un homme
» qui n'a jamais cherché qu'à faire le bien du pays qu'il administre,
» et qui n'a jamais eu d'autre ambition que celle de bien faire.

» Pardon, Monsieur le comte, etc.

Le lecteur devra remarquer, que le service des postes

n'avait point en 1809 la même activité qu'aujourd'hui, et que la lettre qui va suivre, avait été expédiée de Paris avant la réception de celle qui précède.

M. le comte Réal à M. Caffarelli. (extrait).

« Paris, le 15 septembre 1869.

» J'ai reçu, Monsieur avec votre lettre du 11, le procès-verbal
« dressé par la gendarmerie, constatant la mort d'un individu, qui a
« la vue du procès-verbal, des pièces trouvées sur le cadavre, et des
« armes que portait l'homme tué, ne peut être qu'un espion de l'An-
« gleterre qui cherchait à s'embarquer.

« D'après les renseignements que nous avons ici, cet individu n'est
« point un agent isolé, et sa mission annonce un plan d'espionnage,
« et de correspondance à l'ennemi, auquel coopérèrent plusieurs per-
« sonnes, et qui paraît organisé sur toute la côte..... un homme aussi
« complétement armé, qui se défend avec tant d'audace contre cinq
« gendarmes, un homme qui n'a que des armes anglaises, paraissant
« à deux heures du matin sur le bord de la mer, porteur de rensei-
» gnements assez précis, sur la situation militaire et politique de la
« côte et de l'intérieur, n'est pas un espion dont on doive ignorer le
« nom. Ne négligez rien pour le trouver, mais en prenant vos infor-
« mations, évitez le bruit et l'éclat qui vous empêcheraient d'arriver
« au but qu'il faut atteindre, celui de trouver le noyau, le conseil
« secret de cet espionnage organisé, dont l'individu tué à la Délivrande
« n'est qu'un agent.

« Recevez, monsieur, etc. — Signé : Réal.

M. le comte Réal à M. Caffarelli,

« Paris, le 16 septembre 1809,

« Je m'empresse de répondre, Monsieur, à votre lettre que je reçois
« à l'instant.

« Je ne vois point pourquoi la malveillance peut mêler le nom de
« M. de Pontécoulant, dans les poursuites qui ont été depuis longtemps
« dirigées contre M. d'Aché, poursuites dont vous avez toujours eu

« connaissance, poursuites qui ont toujours été sans résultat, quoiqu'il
« soit bien constant ici, que d'Aché n'a trouvé d'asile que dans les en-
« virons de Caen et Bayeux. Je conçois encore moins, comment cette
« malveillance peut accuser ou complimenter M. de Pontécoulant d'une
« arrestation fortuite, sur laquelle il n'a été ni pu être consulté. Ces
« bruits prouvent seulement un mauvais esprit, qui tâche de jeter sur
« M. de Pontécoulant un vernis odieux, au moment où plein de zèle
« et de concert avec vous, il s'occupe ici du moins dans les deux con-
« férences que j'ai pu avoir avec lui, de la formation sur un pied bril-
« lant de la garde nationale du Calvados.

« Je suis flatté, Monsieur, de tout le bien que vous me dites de M.
« de Pontécoulant. Vous acquittez sans le savoir, une dette contractée
« sans le savoir également envers lui, par tout le bien qu'il m'a dit de
« vous, de votre loyauté, et la facilité avec laquelle vous faites céder
« jusqu'à vos préventions au bien général. Il est impossible, Monsieur
« de faire de votre esprit et de votre cœur un plus complet éloge,
« dont je n'avais pas besoin, mais qu'il est toujours agréable d'enten-
« dre et de recevoir, quand il est donné par un homme qui connaît et
« sait apprécier les hommes.

« Je vous renvoie pour cette affaire d'Aché à ma lettre d'hier, et les
« bruits dont vous me parlez, me prouvent de plus en plus que la mali-
« gnité voudrait donner le change, et me font réitérer avec instances
« la prière que je vous adressais, de suivre *seul*, et avec une grande
« circonspection, les poursuites et les recherches dont je vous confie
« le soin.

« Je n'entends pas trop ce que vous voulez me dire, lorsqu'en me
« parlant de la garde nationale vous m'écrivez: « *On a cru devoir
« ajouter plus de foi à des gens tarés, méprisés, la terreur des
« familles, qu'a un homme qui n'a cherché qu'à faire le bien du pays
« qu'il administre.*

« J'ai beaucoup consulté, Monsieur, de Pontécoulant que je con-
« nais, que j'aime depuis 15 ans; que j'ai suivi pendant toute la révo-
« lution, qui a déployé contre toutes les *ambitions*, contre toutes les
« *peurs*, contre toutes les intrigues dans des temps *terribles*, un grand
« caractère de franchise et de loyauté; vous me blâmeriez de ne l'a-
« voir pas fait, mais quels sont donc ces gens *tarés, méprisés, la ter-
« reur des familles*, auxquels, vous vous plaignez, qu'on ajoute plus de
« foi qu'à vous ?

« Je suis rond en affaires, je cherche la vérité partout, et rien ne
« peut resserrer le cercle de mes recherches; mais ayez la franchise en-
« tière de me nommer ceux que vous désignez, et je vous dirai ce que
« j'aurais fait, et je vous mettrai à même de juger entre vous et moi.

« Ne perdons pas de temps, Monsieur, dans ces niaises disputes qui
« ne plaisent qu'aux ennemis de la chose publique; nous sommes l'un
« et l'autre liés par les mêmes intérêts, par le même espoir, et croyez
« que je vous connais un trop bon esprit et un trop bon cœur, pour
« préférer à votre jugement l'opinion de gens tarés.

« Croyez à la parfaite considération que vous a vouée votre serviteur,

Signé : *le comte* RÉAL.

M. Caffarelli à M. le comte Réal. (simple extrait).

« *Caen, le 17 septembre 1809.*

« Déclare recevoir la lettre du 15 et y répondre, avoir conçu l'opi-
« nion que l'homme tué était un espion, et même supposé qu'il était
« Allain, chef de la bande qui avait dévalisé la diligence près Falaise,
« Mais que le défaut de détails, la mutilation du visage ne lui permet-
« tent pas de préciser.

« Que les mots : « AU BORD DE LA MER, ne veulent pas dire PRÈS LA
« PLAGE, » bien s'en faut, puisque le meurtre a été commis près d'une
« lieue loin de la mer.

« Qu'il a interrogé Foison, lui a fait les questions déja citées dans
« la lettre du 14. Que cet homme ayant fait des réponses très-embar-
« rassées, déclaré avoir perdu la tête, étant d'ailleurs très-borné, il n'a
« pas voulu le pousser à bout.

« Que par défaut d'indications, il lui est impossible de découvrir, le
« noyau, le conseil secret, dont l'homme tué était l'agent.

« Que s'il voyait les pièces trouvées sur le cadavre et remises à M.
« Réal, il reconnaîtrait peut être l'écriture ou autres éléments de re-
« cherches.

« Qu'il prie qu'on vérifie sur le livre des prisons, si c'est Mesnildot,
« ou Mme de Vaubadon qui a eu de très-grandes liaisons avec Brulart. »

M. Caffarelli à M. Réal. (Extraits).

« *Caen, 19 septembre 1809.*

« Qu'il fait faire des recherches dans les vêtements de l'homme tué.
« Qu'il est assuré que ce n'est pas Allain.

« Qu'il y a dissentiment entre les gendarmes, au sujet de M. d'Aché.
« Que d'après le signalement, il avait le visage plein, très-busqué, et
« un grand nez, mais que la mutilation a empêché de vérifier. »

M. le comte Réal à M. Caffarelli, (extraits).

« *Paris le 20 septembre 1809.*

« J'ai reçu, Monsieur, votre lettre du 17. Depuis que je vous ai adressé
« ma dernière, j'ai obtenu beaucoup de nouveaux renseignements,
« qui ne me permettent plus de douter, que l'individu objet de nos
« recherches ne soit d'Aché..... dans la correspondance que j'ai entre-
« tenue avec les autorités constituées de Rouen, soit dans l'affaire
« Georges, Moreau et Pichegru, ou d'Aché a joué un rôle principal ;
« soit dans l'affaire du vol de la diligence d'Alençon, ou le même
« d'Aché reparaît comme chef de bande, j'avais eu occasion de savoir
« que d'Aché était parfaitement à Rouen, et que M. Liquet avait eu
« occasion de le voir, et de conférer avec lui pendant un séjour de
« quatre ans ; que plusieurs habitants de Rouen pouvaient se trouver
« dans le même cas. Son Excellence a chargé en conséquence M.
« Liquet, de se transporter accompagné de témoins ayant comme lui
« parfaitement connu d'Aché, dans votre département. •

« Il a ordre de se concerter avec vous, pour faire d'une manière
« sûre, prompte et décente, la vérification nécessaire..... Si comme je
« n'en doute pas, le brigand tué est d'Aché, vous pouvez vous féliciter
« d'être débarrassé, d'un des ennemis les plus dangereux de S. M.

« Je vous prie de faire tout ce qui dépendra de vous, pour que
« l'opération de M. Liquet soit faite de très grand matin, pour éviter
« autant que possible le scandale qui accompagne toujours ces désa-
« gréables missions.

Croyez, Monsieur, etc. — *Signé :* RÉAL.

M. Caffarelli à M. Réal (extrait).

« *Caen le 22 septembre 1809.*

« Déclare : qu'il arrive de Bayeux, qu'il est certain que l'homme

« tué est d'Aché, qu'il connaît, tous ses rapports, sa retraite, ses
« liaisons, ses projets, l'argent qu'il emportait, et quels sont ceux qui
« l'ont conduit *à la boucherie*, qu'il n'avait pas depuis longtemps de
« rapports avec l'Angleterre.

« Que M. Réal apprendra comment on s'y est pris pour le livrer,
« que Mme de Vaubadon y joue un rôle digne d'elle, c'est tout dire.
« Je l'avais soupçonné.

      M. Caffarelli à M. Réal.   (extrait.)

              « *Caen le 23 septembre 1809.*

« Répète d'abord, tous les documents inscrits dans la notice sur
« les circonstances du meurtre.

« Puis textuellement : — mais je ne puis me défendre de l'idée
« que Mme de Vaubadon a du être très-satisfaite, d'apprendre qu'il
« avait été tué, il est clair qu'elle y avait un grand intérêt, ainsi que
« celui qui semble l'avoir mise en œuvre ; elle vit depuis assez long-
« temps avec M. d'Olandon, qui remplace Brulart et ses nombreux
« successeurs ; et tout en se félicitant de voir l'état délivré de d'Aché,
« vrai scélérat, qui pourrait se défendre d'un sentiment d'horreur pour
« la femme qui l'a livré, et pour ceux qui l'y ont déterminée ?

« Le rapport dit : que c'est un gendarme désigné sous le nom de
« Samson qui a conduit d'Aché. Je n'ai pu savoir sur qui cette asser-
« tion était fondée, mais si elle est vraie, que deviendra un corps ou
« l'on trouve des individus capables d'agir ainsi ?

« Je vous parle, Monsieur le comte, avec une entière franchise
« et épanchement, si un autre que vous devait voir ma lettre je ne
« l'écrirais pas. J'avais d'abord pensé à interroger séparément,
« Mme Amfrye, sa fille, sa servante, réflexions faites j'aime mieux at-
« tendre des ordres, que dois-je faire ? — Si on les arrête, si on les
« interroge autrement qu'au grand secret, on ébruitera des liaisons
« connues, la conduite ancienne de ces femmes donnera lieu à parler,
« les intéressés se cacheront — d'un autre côté on ne peut laisser
« impunie, cette habitude invétérée de donner retraite aux ennemis
« les plus acharnés du gouvernement. — J'attendrai vos ordres là-
« dessus..... M. Miquet (ou Liquet) m'a remis hier au soir la lettre
« que vous lui aviez donnée pour moi. J'ai pris de suite avec lui toutes

« les mesures nécessaires, pour l'exécution des ordres dont il était
« porteur ; il en est occupé dans le moment. J'ai lieu de croire, que
« cette exécution sera aussi satisfaisante que vous pouvez le désirer.

« Agréez, etc.

M. le comte Réal à M. Caffarelli. (extrait).

« *Caen le 25 septembre 1809.*

« Je réponds, Monsieur, à vos deux lettres confidentielles des 22 et
23.

« J'avais comme vous et même longtemps avant que je reçusse vos
« lettres, conçu de violents soupçons contre la dame que vous nom-
« mez, et j'étais même sur le point de proposer à Son Excellence son
« arrestation, mais je vous avoue que je suis loin d'avoir d'elle l'opi-
« nion que vous en manifestez. J'avoue encore que si vos soupçons ont
« quelque consistance, je croirais alors à la sincérité d'une conversion,
« qui ne m'avait pas jusqu'à ce jour paru bien complète. Enfin
« puisque je suis en train de faire des aveux, je vous déclare, que
« dans cette hypothèse l'idée qui m'occuperait principalement, ne
« ne serait pas celle qui paraît vous tourmenter. Heureux de voir
« Sa Majesté délivrée d'un ennemi acharné, féroce, plein d'audace et
« de résolution, je ne penserais qu'à la reconnaissance que m'inspire-
« rait l'individu, qui aurait en facilitant sa recherché aidé son arres-
« tation ; mais je crois que vous vous trompez sur cet individu. Je
« sors de chez Son Excellence, et sans lui montrer vos lettres, je l'ai
« pressenti sur le moyen qui vous était offert de presser sur cette
« dame Amfrye, et d'arriver par elle a des détails utiles.....

« Son Excellence m'a répondu : que ces observations et renseigne-
« ments lui avaient été extrêmement utiles il y a un mois, mais qu'au-
« jourd'hui l'essentiel était, de garder sur ces derniers événements
« un silence utile a ses desseins ; que d'Aché n'est pas le seul
« homme, sur l'existence duquel il ait des renseignements. Que d'au-
« tres espions anglais rôdent dans nos environs, et auraient été saisis
« il y a quelques jours, sans le bruit qu'a occasionné la capture d'ail-
« leurs très-heureuse de d'Aché. Que loin de poursuivre sur les Am-
« frye, il faut avoir l'air de croire que d'Aché seul était l'objet des
« poursuites qu'il avait fait diriger, et qu'enfin ces mouvements con-
« trarieraient les mesures qu'il a prises, et qui tiennent non-seulement
« à la tranquillité du Calvados, mais à la sécurité de toute la côte.

« Je crois qu'on vous a trompé sur la prétendue inaction de d'Aché ;
« un homme bien sûr qui a dîné avec lui en Angleterre, me donnera
« ces jours-ci des détails et des dates que j'espère pouvoir vous com-
« muniquer. Je pourrai aussi, je l'espère, vous donner les noms de
« quelques autres personnes qui l'ont vu secrètement en France. Nous
« pourrons nous entendre alors pour leur arrestation ; il sera temps
« alors de nous entendre pour arrêter les Amfrye, les Menilo, et les
« Vaubadon. Continuez à me donner les renseignements qui pourraient
« vous arriver, je vous donnerai ceux que je pourrai recueillir.

« Son Excellence qui a reçu du grand juge, une lettre écrite à ce
« dernier par le procureur général du Calvados, lettre pleine de
« sagesse et de discrétion. Son Excellence va écrire au grand juge, et
« demander à la justice la même discrétion, et la suspension des pour-
« suites, qui sont sans but aujourd'hui que d'Aché est bien reconnu, et
« qui pourraient nuire.

« Excusez mon griffonnage, j'aime mieux vous écrire mal, mais
« vous répondre promptement.

« Agréez l'assurance, etc. — *Signé :* Réal.

M. Caffarelli à M. Réal. (extrait).

« *Caen, le 28 septembre 1809.*

« Confirme d'abord plusieurs faits déjà cités, puis dit textuellement.
« Madame de Vaubadon fit deux voyages à Bayeux, pour déterminer
« le départ non-seulement de d'Aché, mais même de sept autres, il
« est impossible pour le présent de deviner quels sont ces individus,
« la dame a dû écrire à Paris, à quelqu'un qui l'y connaît, afin de
« l'engager à se fier à elle et à venir ici, il a du y arriver il y a deux
« ou trois jours ; je n'ai pu rien apprendre sur son compte, la dame
« seule pourrait éclaircir tous ces mystères, mais il ne faut pas croire
« tout ce qu'elle dit. La demoiselle Dumesnil est à Caen depuis le dé-
« part de d'Aché, elle et sa servante. Les dames Amfrye et leur ser-
« vante, n'ont pas gardé le silence sur ce qui est arrivé à la Déli-
« vrande. Elles accusent madame de Vaubadon, et il y a une dizaine
« de jours il en a été question sur la diligence qui venait de Paris.

« Vous croyez, Monsieur le comte à une conversion, soit, mais celle-
« ci ne durera qu'autant qu'il s'agira de savoir celui à qui la dame est

« attachée actuellement ; qui ne désire que de sortir du bourbier où
« son inconduite l'a plongé, et surtout de se venger de moi. Quand le
« galant sera congédié ou volage, si la dame en trouve un autre, elle
« fera ce qui lui conviendra.

« Au reste j'attendrai vos ordres, tant sur les dames Amfrye, que
« sur la demoiselle Dumesnil et leurs servantes. J'ai oublié de vous in-
« diquer une demoiselle de Montfiquet, comme associée aux dames
« Amfrye.

« Agréez, etc. »

CHAPITRE II.

Ces documents fournis par les pièces officielles s'arrêtent
au 28 septembre, et pour compléter le tableau de la situation, il y faut ajouter ceux qui proviennent de documents
privés, affirmés par des personnes autorisées.

Pendant les trois premiers jours après le meurtre. le
fait lui même et les circonstances, l'indignation contre les
gendarmes, l'énigme de l'intervention extra-officielle de M.
le sénateur de Pontécoulant, alimentèrent seuls la curiosité
publique ; le fait du meurtre était à peine connu à Bayeux,
et le dimanche 15, l'annonce en était faite par trois personnes successivement, à la famille de Montfiquet à Trévières,
(11 lieues de Caen), dans le but d'obtenir un premier trait
de lumière, qui fut bientôt fourni à Bayeux, par les dames Amfrye, Dumesnil, et du Quesnay de Montfiquet. On
a pu même remarquer par la correspondance de M. Réal,
qu'il fût le premier informé de la personnalité de M.
d'Aché, et que tous les principaux faits subissaient son
contrôle, avant d'être soumis aux autorités locales, et y

revenaient interprétés au point de vue de la police générale.

Ce fut par M. Réal que fut instituée directement, la mission en vertu de laquelle M. Liquet commissaire de police à Rouen, vint le 23 septembre à la Délivrande vérifier l'identité de M. d'Aché. Cette opération au lieu d'être faite au point du jour conformément à l'ordre spécial, ne le fut qu'à dix heures du matin. Les gendarmes et tous ceux qui avaient vu le corps avant l'inhumation avaient été appelés. La putréfaction était très-avancées, surtout au visage broyé par les coups de crosse, il était essentiel de vérifier l'absence d'une dent au côté gauche de la mâchoire supérieure. Foison chargé de l'opération manuelle y procéda avec le bout d'une canne ; lorsque les lèvres contractées par l'astriction furent entr'ouvertes, une éruption subite de miasmes asphyxia Foison, qui pensa tomber en s'écriant avec terreur « JE SUIS EMPOISONNÉ ! » Cette vengeance posthume du cadavre, ces expressions semblant émaner de la conscience intime, firent une profonde impression sur toute l'assistance ; Ce chef du meurtre devint le but de regards torves, l'objet *d'a-parté* exprimant l'horreur ; tous les personnages présidant l'enquête dînèrent chez M. le Maire, il en fut exclu, sa dégradation sociale fut manifeste.

Bien avant l'exhumation, l'opinion publique était irrévocablement fixee, en ce qui concerne les agents directs du meurtre, mais violemment quoique tacitement agitée, en ce qui concerne les agents indirects. La très noble attitude de nos autorités locales, et le contraste manifeste entre leur inaction et leur caractère, se joignant au témoignage de l'extérieur des faits ; une voie d'études était ouverte vers la

vérité, que matérialise aujourd'hui la correspendance de
M. Caffarelli. — Mais ce fut un chef-d'œuvre du génie po-
licier de MM. Fouché et Réal, que d'avoir su jeter en pâ-
ture à la légèreté populaire, un intermède scandaleux comme
dénouement d'un drame, judiciaire par sa nature.

Au retour en ville des agents de l'enquête le 23 au soir,
l'indignation jusque-là contenue fit explosion. Madame
de Vaubadon informée des suppositions dont elle était l'objet, avait voulu faire beau-séant, et était allée au spectacle
ayant sur les épaules un châle de mérinos rouge. Le public
se tourna vers sa loge en vociférant « à *bas l'égorgeuse,*
« *la buveuse de sang, c'est la femme au châle rouge, il*
« *est teint dans le sang.* » — Non moins que l'enfant la
foule est sans pitié, vautrer une supériorité dans le ruisseau
est un triomphe pour l'homme du pavé, et l'outrage avec
scandale, dégrade au même dégré que le crime. — La force
majeure comprimant l'action de la justice, toute explication
publique était impossible, la police sacrifiait à ses conve-
nances une seconde victime.

Peut-être l'avenir plus juste que le passé, trouvera-t-il
dans les pièces officielles, les éléments d'une opinion déjà
admise par les consciences les moins mal informées.

Un personnage puissant par ses dignités et son influence,
aurait dit à Mme de Vaubadon : « *Depuis longues années*
« *vous troublez le pays par vos intrigues royalistes. En*
« *ce moment même, un ordre d'arrestation est suspendu*
« *sur votre tête et sur celle de M. d'Aché votre complice,*
« *le sort de Mme Acquet en sera la conséquence certaine.*
« *— Reconnaissez donc enfin l'inpuissance de votre parti ;*

« *comprenez que l'Empereur est aussi clément que puis-*
« *sant, qu'il à horreur des supplices et ne désire que con-*
« *cilier ; mais qu'il doit à tout prix, anéantir le renfort*
« *que donnent à l'Angleterre les agitations du littoral.—*
« *Rachetez votre passé ; vons connaissez la retraite de*
« *M. d'Aché, faites-le sortir de France, on saura l'empê-*
« *cher d'y rentrer. Mais on veut avoir la certitude de*
« *l'accomplissement du fait, on vous fournira des agents*
« *qui puissent en témoigner.* »

L'honneur permettait respectivement de faire et accepter
une telle proposition. Reste à savoir par quel intermédiaire
le guide aurait été transformé de sauveur en assassin, et
les pièces officielles peuvent fournir des lumières à ce sujet. — Incontestablement l'initiation et le dénouement du
drame, ont eu lieu dans les cabinets de MM. Fouché et
Réal. Ce dernier dit dans sa lettre du 25 « *qu'il a été sur*
« *le point de proposer à Son Excellence l'arrestation de*
« *Mme de Vaubadon, mais que si en favorisant la re-*
« *cherche de M. d'Aché elle a contribué à son arresta-*
« *tion, il croirait à sa conversion et lui devrait de la*
« *reconnaissance.* — M. Caffarelli dit au contraire. « *que*
« *si la conversion existe, elle ne durera qu'autant que la*
« *dame sera sous l'influence de l'homme auquel elle est*
« *attachée aujourd'hui, et que cet homme dont il a pro-*
» *noncé le nom dans sa lettre du 23, ne désire que sor-*
« *tir du bourbier où son inconduite l'a plongé.* »

Aux mains de quel judas les deniers de la trahison sont
ils entrés ?.... la femme proscrite par l'opinion s'est réfugiée à Paris, ou longtemps elle a végété dans une position
obscure et très amoindrie. — L'homme s'est retiré dans un

château, où jouissant d'une existence aisée et confortable, il a bravé les dédains de l'opinion !

S'il existait encore des obscurités et des doutes, ils ne seraient autres que ceux qui furent soulevés , par l'étrange participation de M. le comte de Pontécoulant, dans les scènes de ce drame siuistre.—Par son silence dans le temps, en raison sans doute de l'affection mutuelle existant entre lui et M. Réal.—Et enfin par le silence de quatre volumes, consacrés à sa mémoire en 1863 par une main solidaire.—Des considérations imposantes prescrivent à l'écrivain de passer outre avec réserves ; mais toutefois en s'inclinant.

Les actes de M. Caffarelli, préfet : de M. Lance, son secrétaire général, son collaborateur, son ami ; de M. Hubert des Costils, procureur impérial ; constituent entr'eux une solidarité, qui réunit leurs noms vers le même hommage, comme consolation de leur disgrâce officielle. — Ils furent les dignes organes de l'opinion unanime du département ; proclamèrent avec elle, que la raison d'état ne peut jamais couvrir un crime ; furent les apôtres de l'indépendance de la loi, et préparèrent dans la mesure de leurs pouvoirs, l'état de choses dont la France jouit aujourd'hui ; leur pays s'honore lui-même en honorant leur mémoire.

La nécessité impose à l'écrivain, le devoir de faire comparaître ici les noms de MM. Fouché et Réal, et pour avoir sous les yeux dans tout son vrai le tableau de ces deux sinistres figures, le lecteur devra consulter le témoignage de toutes les histoires, toutes les biographies. — Il verra ces collaborateurs de Robespierre, Danton, le père Duchesne, Carrier ; tantôt régicides, tantôt massacreurs, marcher du même pas et inséparés, dans la voie sanglante de l'échafaud politique de 1792 à 1815. — Il verra M. Réal défendant au tribunal révolutionnaire Carrier et les nombreux auteurs des noyades de Nantes, les faire acquitter presque tous. Il verra le chef de ces monstres s'écrier « Réal je suis heureux de t'avoir pour défenseur, » et celui-ci riposter « et moi je me fais honneur de te dé-« fendre ! » Puis le client se précipiter de l'estrade dans les bras du défenseur, et les deux nobles cœurs se confondre dans l'effusion d'un touchant embrassement.

Sous un régime réparateur mais rendu sévère par la nécessité, il verra ce praticien de l'intrigue y dévouer ses talents spéciaux, et fomenter les trahisons privées, dans les procès, de Georges Cadoudal, Moreau, Pichegru, duc d'Enghien et tous autres.—Il le verra sous nos yeux même s'entretenir la main, dans les drames tragiques : de madame Acquet en 1808 ; du baron d'Aché en 1809 ; des six déplorables victimes de la prétendue émeute de la famine, à Caen en 1812. —Il verra enfin cette sentence inscrite, dans une histoire qui par sa haute moralité fera loi dans les siècles « Réal a été l'un des mauvais génies de l'empire ! »

Et ce serait sur la foi de tels hommes, que notre pays où les preuves abondent, accepterait près de l'histoire une solidarité, dans les opprobres jetés par des légéretés littéraires, sur des familles concitoyennes !

Parmi les noms de femmes citées ici dans le sens de la vérité historique, et ailleurs dans celui des fictions, le nom seul de madame de Vaubadon comporte une justification, pour laquelle une notice sommaire est indispensable.

Née de Mesnildot, et d'une origine illustre comme descendant de l'amiral de Tourville, elle avait épousé peu avant la révolution, M. Le Tellier de Vaubadon, fils d'un conseiller au parlement de Rouen. — Jeunes l'un et l'autre, l'épouse étant un type de grâces encore plus que de beauté ; l'époux étant bel homme, joli homme, de la plus charmante sociabilité ; tous les éléments de bonheur semblaient être pour ce ménage, comblés par la naissance de deux fils, lorsque le mari émigra,—son cœur loyal se préoccupa trop peu de cet avis de la nature « *On risque hélas quand on quitte sa belle*.....

Dans son veuvage indéfini, la jeune délaissée quitta le château de Vaubadon et vint habiter Bayeux. Bientôt elle y fut l'étoile de tous les yeux, la reine de tous les plaisirs, le centre de tous les empressements, aussi bien des femmes que des hommes. Aimable amie, excellente mère, dominant par des séductions, qui semblaient émaner à son insu de sa nature seule ; elle eut incontestablement une grande influence, sur les membres actifs du parti royaliste qui était le sien, et formait sa société. Mais au sujet de nombre de sanglantes réactions qui ont eu lieu dans son horizon, jamais son nom n'a été prononcé, tant sa nature elle-même excluait une supposition. — sa conduite comme épouse fut à peine suspectée une seule fois, dans le sens d'une faiblesse passagère, et non pas dans celui de la débauche ; et d'ailleurs, en ces temps ou l'indulgence était réfugiée dans les mœurs, les premières pierres restaient inoffensives sur le sol.

Telle fut l'existence de madame de Vaubadon pendant tout le cours de l'émigration. Au retour de son mari, elle eut le tort inexcusable de ne pas consentir à l'annulation du divorce , et de lui intenter procès pour la liquidation de ses droits. Cette révolte contre la morale aliéna les affections qui lui avaient été conservées ; mais la question d'inconduite ne fût même pas mise en cause, puisque la gestion de la personne de ses fils lui fut conservée. — Elle vint alors habiter Caen, et y vécut dans un état normal de considération. Elle y perdit le jeune de ses fils, et ses soins pour l'éducation de l'aîné, eurent un plein succès, puisqu'en 1809 il sortit officier de l'école de Saint-Germain, et était en 1814, capitaine dans les dragons de la garde impériale et décoré.

M. de Vaubadon retiré dans son château, y vécut modestement, liquidant une fortune très-délabrée en son absence, payant avec les deniers de la vente de l'immeuble, ce qu'il devait et ce qu'il ne devait pas, puis en 1814 fixa son domicile à Cerisy-la-Forêt en maison de loyer. Théodore fils unique de son mariage, se réunit à lui après le licenciement de l'armée ; le quitta pendant les cent jours de 1815, pour prendre part à la campagne de Waterloo , et revint de nouveau après le licencie_ment de 1815. Puis enfin rentra au service en 1818, dans le 7e régiment de chasseurs, fut promu au grade de chef d'escadron, et une mort prématurée termina sa belle carrière vers 1834.

Pendant leur séjour à Cerisy, Messieurs de Vaubadon, avaient pour voisins dans un rayon d'une lieue et demie, dix familles, dont les femmes surtout, avaient pendant la période révolutionnaire, fait partie de la société la plus intime de madame de Vaubadon, et ne l'avaient perdue de vue qu'après l'événement de septembre 1809.—Parmi ces familles, celle de l'auteur de la présente notice alors âgé de 20 ans, était l'une des plus voisines et des mieux en mesure d'entendre et apprécier, en raison de relations affectueuses et presque quotidiennes. — Le respect pour la douleur du père, pour la profonde tendresse conservée à la mère par le fils, étaient dans le cercle de ces familles, une occasion sans cesse renaissante, de l'épanchement des vérités de toute nature, concernant la trop célèbre proscrite. La répudiation sociale imposée par l'immensité du scandale était admise ; mais l'imputation d'une perfidie infernale, aboutissant à un assassinat prémédité, était repoussée avec horreur.

Après le départ de son fils, M. de Vaubadon acheta une maison à Thorigny, et y vécut honoré, chéri, respecté, au milieu des soins d'une société nombreuse, compacte et distinguée ; il conserva des relations, moins fréquentes il est vrai, mais toujours entretenues, soit par lui-même, soit par des intermédiaires communs, avec son ancienne société de Cerisy et Bayeux.— En septembre 1838, étant à Port-en-Bessin, il donna deux bonnes journées d'intimité à l'auteur de cette notice, qui avait pour sa personne la vénération qu'il conserve pour sa mémoire.

M. de Vaubadon avait alors 71 ans. L'affaiblissement de sa santé ne se révélait à l'extérieur par aucune infirmité physique ; mais elle était minée par un chagrin profond, et il était venu demander aux bains de mer, un adoucissement

au marasme sous lequel il succombait. — La sollicitude de
ses amis, et sa franchise à lui-même, mirent bientôt à découvert la cause de ce chagrin, et plusieurs personnes encore existantes pourraient en témoigner.

L'ineffable générosité de son cœur, le portant à pardonner
les offenses à lui personnelles, et à combler ainsi le dernier
vœu de son fils ; il avait voulu faire ce que l'honneur lui
permettait en faveur de l'infortune, et lui eut interdit au
profit du crime ; il avait voulu rappeler près de lui et réha-
biliter son épouse, que depuis longtemps il maintenait au-
dessus du besoin, par des secours prélevés sur sa modeste
fortune. — Pour arriver aux fins de cette réhabilitation, le
concours actif et dévoué de sa société était indispensable ;
il l'avait franchement réclamé, et il lui avait été répondu
avec la même franchise : « *Que qu'elles que pussent être*
« *les convictions d'une société privée, elle serait impuis-*
« *sante à comprimer les préventions gravées, dans l'opi-*
« *nion populaire ; et qu'une telle mesure ne présentait*
« *d'autres chances, que celle de nouveaux chagrins, sinon*
« *de dangers pour tous,* » — Il avait du se résigner, et con-
tinuer sa marche vers la tombe, qui se ferma sur lui environ
deux ans après; lorsque déjà il y était précédé par la malheureuse femme, à laquelle la violation de la loi et les erreurs
de la foule, avaient déplorablement barré tout autre refuge !

Conclusions.

Lorsque par la production des pièces officielles, l'état actuel de la publicité sera réformé ; il restera déplorable : que des talents dignes d'être les collaborateurs de l'histoire, dans les voies de Walter Scott et Cooper, aient voulu ignorer que la vérité régit l'avenir.—Que loin de relever le romantisme français, par ces tableaux chastes et vrais, dont les œuvres d'Erkmann-Chatrian, démontrent si puissamment la noble séduction ; ils se soient ingéniés à vautrer dans le sang et la boue, l'amour créateur de tous les êtres,—et cela, pour aboutir à l'ébahissement des portières et des tantes Aurore.

Bayeux, ce 2 octobre 1869.

Charles LE SÉNÉCAL.

ERRATUM.

Le baron François-Robert d'Aché est né le 24 décembre 1758, à Marbœuf, arrondissement de Louviers, département de l'Eure. — Fils de François-Placide d'Aché et de Marguerite Duchesne.

Il a été marié le 28 décembre 1778, à Saint-Louis de Beauregard, diocèse de Rouen, avec Jeanne-Louise de Roquefeuille.—De ce mariage sont nées deux filles, dont l'aînée a épousé en la ville de Gournay, Charles-Louis de Cacqueray, le 1er Ventôse an XIII (18 février 1805). La seconde fille n'a pas été mariée. L'une et l'autre ont été dames d'honneur de la duchesse de Bourbon.

Le baron François-Robert d'Aché mort en 1809, a eu trois frères, deux ont été marins et le troisième employé dans les bureaux de la marine.

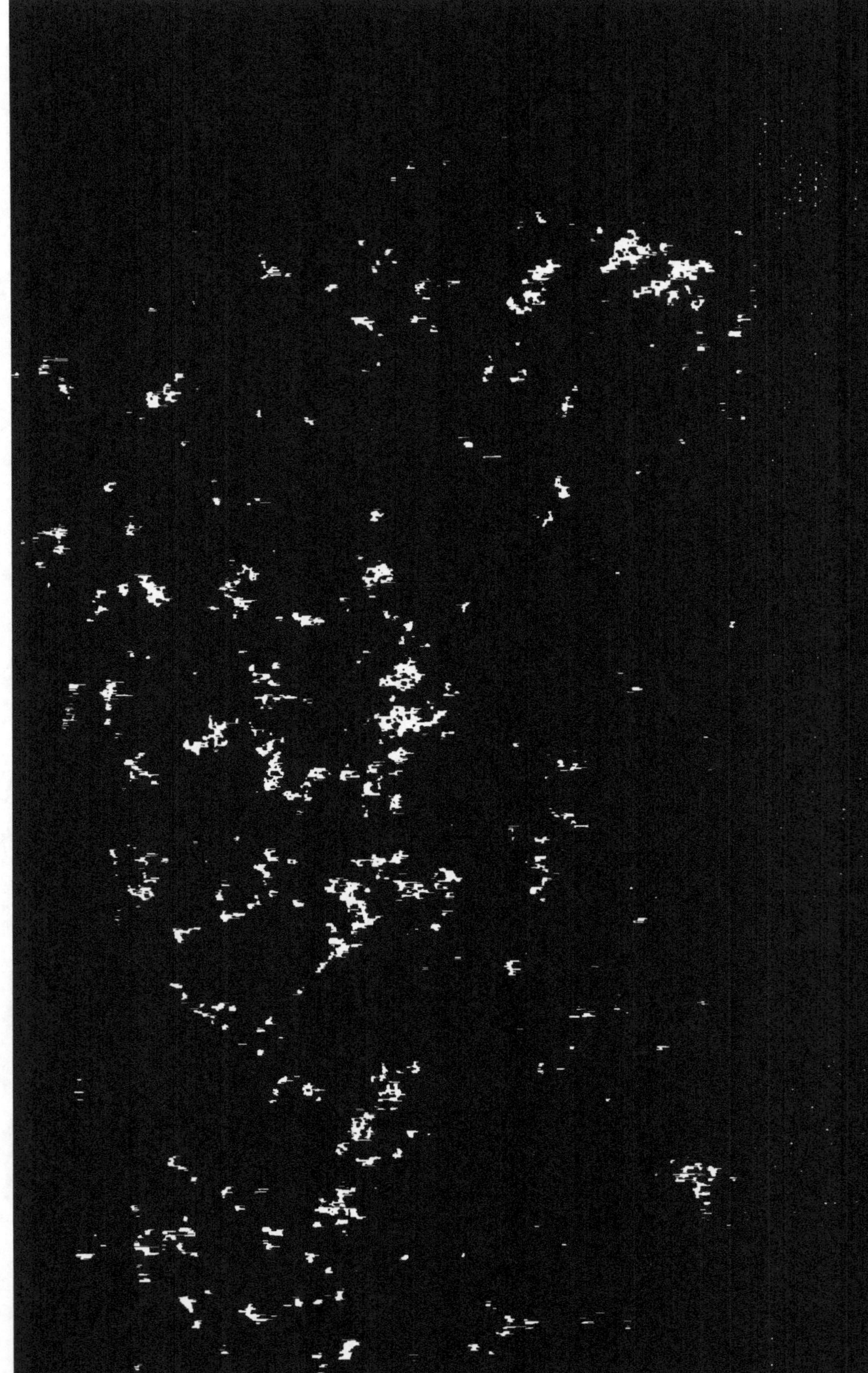